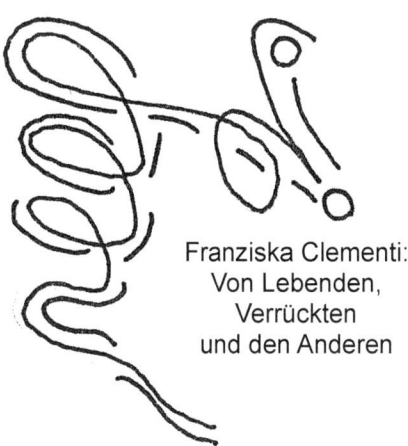

Franziska Clementi:
Von Lebenden,
Verrückten
und den Anderen

Bibliografische Information der Deutschen Nationalbibliothek: Die Deutsche Nationalbibliothek verzeichnet diese Publikation in der Deutschen Nationalbibliografie; detaillierte bibliografische Daten sind im Internet über dnb.dnb.de abrufbar.

© 2022 Franziska Clementi
Cover und Illustrationen:
Franziska Clementi
Herstellung und Verlag:
BoD - Books on Demand, Norderstedt
ISBN: **9783754314654**

Dies ist ein literarisches Experiment,
um meinem Gedankenchaos
Ausdruck zu verleihen.

Es ist für alle,
denen gesagt wurde
sie seien zu anders
oder nicht richtig.
Ich bin hier um dir zu sagen:

Doch!

Vielen Dank,
dass du es in den Händen hältst.
Ich hoffe es erweckt beim Lesen
in dir die selben Gefühle
wie in mir beim Schreiben.

Inhalt

Von Lebenden, Verrückten und den Anderen

BIN ICH
KÜNSTLER ODER
MUSS ICH
WEG?

Intermezzo

Ich glaube die Schokolade ist leer… Wir haben keine Packung mehr übrig. Hab' gerade nachgesehen!

Ja und?

Das heißt wir brauchen Neue…

Dann geh doch raus und kauf' dir welche!

Ich will aber nicht raus. Da draußen ist das Leben, weißt du…

Du hast recht. Dann würde ich auch nicht raus gehen. Das Leben ist echt kein Ort, an den man will.

Franziska Clementi

Der Alltag

Franziska Clementi

4

Von Lebenden, Verrückten und den Anderen

Sage einem Kind
ein Vogel sei ein Schmetterling

Und für das Kind wird jeder Schmetterling
Federn haben.

Wir sind alle voller Geschichten,
doch wir sehen nur das Minimum.

Denn wir alle Künstler,
nur ohne Bühne.
Ohne Publikum.

Das Gemeine an Gedanken:

Sie nehmen sich so wichtig,
dass sie um sich selbst kreisen.

Ein bisschen poetisch,
gleichzeitig auch nicht

Gleicht mein Leben
einem kleinen Gedicht

Zwar ganz ohne Struktur
und ganz ohne Reime

Doch findet sich viel
zwischen einzelnen Zeilen.

Kopfpoesie

Mein Kopf ist voller Poesie
und ich hab' Angst,
dass nie Jemand sie liest.

Wenn deine Seele brennt,
dann lösch' das Feuer.
Aber Schatz,
hör' auf die Streichhölzer zu zünden.

Liebes Gehirn,
bitte komm runter!
Du bist auch nur ein denkender Fettklumpen,
der auf einem Haufen Dreck
durch das Universum fliegt.

Seit ich erwachsen bin,
bin ich endlich das Kind,
das ich schon immer sein wollte.

Dein Leben ist
ein Witz
und ich bin die
Pointe

Hin und wieder frag ich mich,
wie ist das Leben eigentlich
Für alle Leute, außer mich?

Wie ist es so mit den Problemen
durch die eigene Welt zu gehen
Und sich doch nie zu verstehen?

Doch ich weiß, dass dieses Denken
dazu dient mich abzulenken.
Mich nicht in eigenen Problemen

zu ertränken!

Sie rennt mit freiem Herzen.

Ob in offene Messer
oder heilende Hände

zeigt die Zeit!

Wie viele der Dinge,
die mir wichtig sind

würde ich noch tun,
wenn ich Keinem
davon erzählen könnte?

Und wie wichtig wären sie,
wenn ich sie nur für mich täte?

Kunst sind Gefühle,
die du sehen kannst.

Musik ist Liebe,
die du hören kannst.

Tanz ist Hoffnung,
die du fühlen kannst.

Gedichte sind Leidenschaft,
du lesen kannst.

Franziska Clementi

Intermezzo II

Weißt du, was ich mich frage?

Ja?

Glaubst du, sie werden es jemals finden?

Was denn?

Ich weiß es auch nicht. Das, was sie suchen.

Von wem sprichst du denn?

Von den Menschen, die leben… Sie rennen ständig durch die Gegend, als würden sie etwas suchen. Glaubst du sie finden es?

Hängt davon ab, was sie suchen.

Ich glaube, sie suchen nach sich selbst.

Dann werden sie es vermutlich nicht finden…

Franziska Clementi

Nur Ich

Franziska Clementi

Manchmal brauch' ich alles!
Ohne Konsequenzen.
Ohne viel zu reden.
Ohne viel zu denken.

Manchmal will ich spielen,
um mich zu verlieren.
Möchte alles setzen,
um mich zu verschätzen.

Manchmal will ich,
nicht im Stillen,
einfach um des
Wollens Willen!

Wenn ich alles sein kann,
was ich will…

Warum will ich dann nicht alles sein,
was ich schon bin?

Mein Ziel ist es bedingungslos
ich selbst zu sein!

Wie wär's denn mal
mit mir allein?

Ohne all das
„einsam sein"?

<u>Für deinen Spiegel:</u>

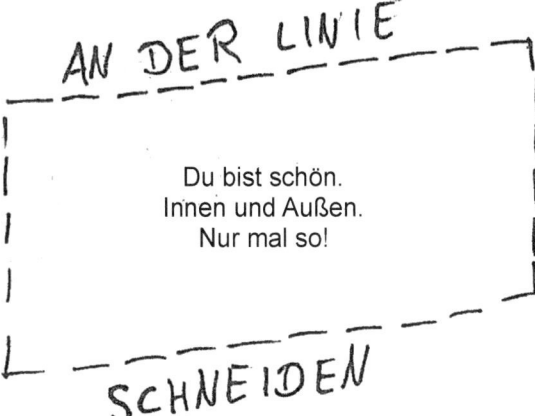

AN DER LINIE

Du bist schön.
Innen und Außen.
Nur mal so!

SCHNEIDEN

Erinnerungen

Hab Briefe gefunden,
die damals im Krieg
Papas Uropa an
Papas Uroma schrieb.

So voller Gefühle,
Liebe, Angst und Hass
Dass ich vollkommen
die Situation vergaß.

So endlos wie Worte
in schwieriger Zeit
Möcht' ich, dass Liebe
ewig in mir bleibt.

Irgendwann liest Jemand
Briefe an mich
Dann bin auch ich
ein bisschen ewig.

Egal, wie du zu mir stehst. Ich bin eine Erfahrung, die man gemacht haben muss!

Brauchen und Wollen

Ich brauch' weder dich
noch deine Facetten.
Nicht jetzt und nicht später,
um mich zu retten.

Weder die Art wie du lachst,
noch die Art wie du rauchst
Und vor allem brauch' ich nicht,
dass du mich brauchst.

Ich will Jemanden, der mich will
und ohne mich kann.
Sich für mich entscheidet.
Ein nicht perfekter Fang.

Denn glaub mir ich will dich
und deine Facetten,
doch es ist nicht meine Aufgabe
uns beide zu retten.

Ich kann dich erst lieben,
wenn ich mich lieben lerne.
Drum lass ich das brauchen,
doch ich möchte so gerne.

Ich wünscht
ich wär' verliebt genug,
dir ein Liebesgedicht zu schreiben.

Du darfst nur in so fern erwachsen werden,
dass das Kind in dir Jemanden zum Spielen hat !

Die Grenze
zwischen Wahnsinn und Kreativität
ist wie ein langes, dünnes Seil.
Man muss sich regelmäßig
auf beide Seiten lehnen können,
um die Balance zu halten.

Gefangen

Zwischen „Alles" und „Nichts"
Zwischen Götterkomplex
Und dem Selbsthass,der sticht.

Vielleicht zerstör' ich was wir haben,
wenn ich bleibe wie ich bin.

Aber sollte das der Fall sein,
gab es nicht viel zu zerstören.

Franziska Clementi

Intermezzo III

Warum werden sie es denn nicht finden?

Weil ihnen nicht wirklich klar ist, wonach sie
suchen müssen…

Ich dachte nach sich selbst oder nicht?

Doch, genau. Sie suchen nach sich selbst. Das
Problem ist nur, dass sie nicht wissen wonach
genau sie suchen müssen. Weil sie nämlich nicht
wissen, wer sie sind.
Wir wissen ja auch, wer wir sind.

Aber wir sind nicht wie die Lebenden.

*Stimmt. Manchmal tun mir die Lebenden sogar
etwas leid. Sie wissen nicht, wie es ist am Leben
zu sein.*

Aber manchmal finden sie es noch heraus.

Ja. Aber meistens erst, wenn es zu spät ist.

Franziska Clementi

Nur Du

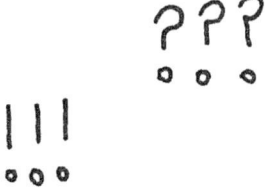

Wo wären all die kleinen Küsse,
die ich nicht hätte teilen müssen?
Hättest du sich nicht verdient,
in der Zeit, in der ich dich geliebt?

Wunder Punkt

Um eine Wunde heilen zu lassen,
solltest du sie nicht mehr berühren.

Du bist mein wunder Punkt.
Du berührst mich jedes Mal!

Ich hab' Jemand anderen geküsst.
Ist ja okay seit du weg bist.
Hab den ganzen Tag bei ihr verbracht.
Ist dir ja egal, seit gestern Nacht.
War wunderschön. Das Schlimme daran:
Dass ich dir nicht davon erzählen kann!

Wie bei einem Baum.
Dein Name auf meiner Haut.
Anstatt Tinte Gänsehaut.
Finger als Feder missbraucht.

All die Leute, die mir sagen
ich soll einfach länger schlafen,
wissen gar nicht wie es ist
nachts von dir zu träumen!

Es ist kurz nach Mitternacht.
Ich hab' wieder an dich gedacht,
Weil ich mir selbst versprochen hab',
dass ich das am nächsten Tag erst mach'.

Ich schreibe so viel über dich,
doch ich zeige es dir nicht.
Fühl' mich schuldig dann und wann
hunderten Leuten zu zeigen,
was ich dir nicht sagen kann.

Du kamst wie ein Funke
und setztest meine Welt in Brand.

Und obwohl unser Licht erlosch,
spüre ich noch immer deine Wärme.

Mehr als okay,
wenn du mich nicht liebst.
Und auch sehr gut,
dass du kommunizierst.

Doch verzeih' ich dir nie
wie du zur Musik lachst.
Denn du hast mir
mein Lieblingslied kaputt gemacht!

Tausend kleine Küsse
auf deinem Rücken Sternen gleich.
Wenn ich jetzt damit beginne,
wann denkst du sind sie erreicht?
Und denkst du, dass du bleibst,
wenn dein Rücken
dem Sternenhimmel gleicht?

Ich wünscht'
du würdest alles wollen,
von dem ich glaube,
dass es dir zusteht!

Du

Du riechst nach Weihnachten
und Frühling irgendwie.
Du schmeckst nach Apfelkuchen mit Zimt.
Du fühlst dich an wie Porzellan.
So zerbrechlich, dass ich dich
kaum halten kann.

Du riechst nach Pfirsich
und dem ersten Winterschnee.
Und schmeckst so nach Vertrautheit.
Legst Gesicht auf Papier
und es wird zum Gedicht,
Hab mich noch nie so gefühlt wie bei dir.

Du riechst nach Freundschaft
und nach Mutproben am See.
Du schmeckt so, wie dein Lippgloss es sagt.
Und es fühlt sich nach für immer an
So zerbrechlich…
Dass ich dich kaum halten kann.

Du bist mehr,
als Worte
je beschreiben
könnten

Franziska Clementi

Intermezzo IV

Ich glaube, ich weiß was ihr Problem ist...

Denkst du immer noch über die Lebenden nach?

Manchmal schon.

Und hast du eine Lösung gefunden?

Das Problem ist, dass ihnen ihr ganzes Leben lang gesagt wird wer sie sein müssen und wenn sie realisieren, dass sie das gar nicht sind, dann reißt das ein Loch auf. Und dann fangen sie an zu suchen. Aber dadurch, dass sie nie gelernt haben wonach sie suchen müssen, wissen sie nicht, was sie finden wollen.

Du solltest nicht so viel über die Lebenden nachdenken. Keiner versteht sie. Am wenigsten sie selbst!

Franziska Clementi

Liebeskunst

Franziska Clementi

Liebe und Tod

Ich glaub', dass ganz am Ende
Die Liebe stets besteht.
Vielleicht nicht unsere,
weil alles irgendwann vergeht.
Durch Generationen haben
Liebe und Tod Kontinuität.
Doch obwohl der Tod wiederkehrt
ist es die letztendlich die Liebe,
die immer wieder lebt.

Vielleicht steht in den Sternen geschrieben,
wen wir irgendwann lieben.
Doch wenn für mich dort nicht dein Name steht,
dann will ich keine Sterne seh'n.

Überlebende schreiben nicht nur
Horrorgeschichten.
Wer die Liebe überlebt
schreibt Liebesgedichte!

Ich liebte ihn. Ich liebte sie.
Was Liebe war, das wusst' ich nie .
Vielleicht sollt' ich
anstatt um andere Menschen
endlich mal
um mich selber kämpfen.

Lyrische Akrobaten

Wir sind lyrische Akrobaten.
Verbiegen Worte, Sätze, Taten.
Grammatikalische Heldentaten,
um ja nicht das L-Wort zu sagen.

Die Liebe hatten wir vergraben
im wortgewandten Hintergarten.
Denn keiner kann es mehr ertragen
weitere Wortleichen zu erwarten.

Nur weil ich die Selbe bin,
bin ich längst nicht mehr die Gleiche.

Nur weil wir den gleichen Weg haben,
haben wir nicht das gleiche Ziel.

Und nur weil wir gemeinsam gehen,
kommen wir nicht zusammen an.

Heißt aber nicht, dass es mir nicht gefiel!

Beziehungen sind ein Haus.
Liebe das Fundament.

Ohne Fundament kann ein Haus nicht bestehen.
Doch wenn nur das Fundament steht,
ist es noch lange nicht bewohnbar.

Franziska Clementi
!Triggerwarning!

Toxische Beziehungen

Anfangs betrunken
von deiner Anwesenheit,
später abhängig
von der Vergangenheit
Dachte ich das muss so sein.

Vielleicht gehört es dazu,
vielleicht ist es Liebe
und ich bin endlich genug,
wenn ich lang genug bliebe.

Mund sagt: Okay
Ich hab Angst vor der Nacht.
Augen drohen mir: Stay
Hast mich zum Schweigen gebracht.

Sag mir: Ich brauche dich nicht.
Hab keine Angst mehr vor dir.
Der Gedanke zersticht
mein Herz wie Papier.

Anfangs betrunken
von deiner Anwesenheit,
später abhängig
von der Vergangenheit
Dachte ich das muss so sein.

Für mich ist Liebe wie zwei Bäume,
die zusammengewachsen sind.
Sind noch einzelne Stämme,
gut zu unterscheiden.
Doch je höher man es wagt
den Blick zu setzten.
Desto mehr sieht man,
dass sie eins sind.
Ineinander verwurzelt.

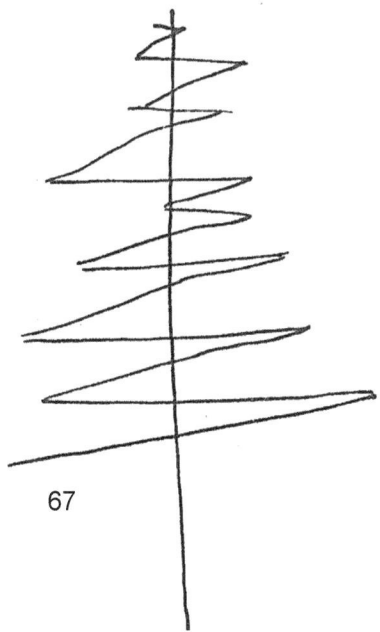

67

Words
Words
Words

Intermezzo V

Aber nicht alle sind gleich!

Hm?

Die Menschen. Nicht alle Menschen sind gleich.

Das ist allerdings wahr. Es gibt welche, die nicht
leben wie die Lebenden. Sie schaffen es nicht sich
in den Alltag der Lebenden zu gliedern. Diese
Menschen werden dann von den Lebenden
verrückt genannt.

Weißt du was? Ich glaube ich mag die Verrückten.
Ich bin mir sicher, sie sind klug.

Nicht unbedingt. Sie wissen nicht wer sie sind,
aber im Gegensatz zu den Lebenden würden sie
es gerne erfahren und deshalb machen sie sich
rechtzeitig auf die Suche und stehen am Ende
nicht so unter Zeitdruck wie die Lebenden.

Aber sie finden es auch nicht?

Nicht unbedingt.

Franziska Clementi

Anekdoten

ˣBITTE ZITAT
EINFÜGEN ˣ

Du bist ein Gedicht,
das du nicht lesen kannst,
weil du dich nur Spiegelverkehrt siehst!

Wenn man immer nur
zurück sieht,
verpasst man was vor einem liegt.
Doch wenn man immer
nur nach vorne blickt,
verpasst man
was sich noch ergibt.

Vielleicht ist dichten eine Kunst,
aber keine, die sich hält.
Schmücke Worte wir einen Blumenkranz,
den man vergisst
sobald er welkt.

Nur weil deine Existenz
Zufall sein könnte,
macht sie das nicht
weniger bedeutungsvoll!

Das einzige
was mich
zurückhält
ist die
Angst

Heilung!

Heilung ist weinend in der Wanne sitzen.
Angst haben ersticken zu müssen.
Heilung ist es zu zulassen,
seinen Körper und sich selbst zu hassen.

Immer wieder zu ertragen,
ehrlich zu sich selbst zu sein.
Immer ja zu dem zu sagen,
was dir selbst unmöglich scheint.

All die schlimmen Dinge fühlen,
die man sonst verleugnet hat.
Heilung ist man selbst sein zu müssen,
auch wenn's keinen Spaß mehr macht.

Heilung ist ein Kampf gegen sich selbst,
den man nur gewinnen kann!

Falsche Bescheidenheit
steht uns nicht wirklich!

Vielleicht ist Blut dicker als Wasser,
doch wir sind dicker als Blut.

Generation Z

Lasst und wieder lauter lachen,
ganz verrückte Sachen machen.
Uns den Vogel zeigen lassen.
Wieder hüpfen durch die Straßen!

Lasst uns wieder Lieder spielen.
Sagen wie sehr wir uns lieben.
Lasst uns wieder alles geben,
Mitschreiben anstatt nur zu lesen.

Lasst uns mehr zusammen weinen,
unsere Unterstützung zeigen.
Lasst uns wieder ehrlich sein.
Ehrlich und nicht nur gemein.

Mehr an unsere Träume denken.
Lasst uns wieder für sie kämpfen.
Um alte Wurzeln auszugraben,
an bess'ren Orten neue schlagen.

Wahrscheinlich geschehen
Dinge nur,
damit ich sie aufschreiben
und teilen kann.

Das Leben ist ein Zeitvertreib.
Wir warten auf etwas, das bleibt.
Scheint jedoch keiner zu merken,
dass wir es sind,
die bleiben werden.

Was wirklich zählt
ist wie du sprichst,
wenn du mit dir
ganz alleine bist.

Wenn Mädchen zu Meerjungfrauen werden, wenn
sie ins Wasser fallen,
werden Kühe dann zu Seekühen?

Franziska Clementi

Intermezzo VI

Und was ist mit den Anderen?

Welche Andere?

Die, die es außer den Lebenden und den
Verrückten gibt.

Es gibt noch andere?

Es gibt die, die eben anders sind. Die Menschen,
die weder leben noch verrückt sind. Die... Grauen.

Die sind tatsächlich anders. Das sind die, die nie
wirklich anfangen konnten zu leben, aber auch nie
die Chance bekamen verrückt zu werden. Die
Verrückten sind außen vor, aber meistens
glücklich. Die Lebenden passen sich an, sind aber
meistens unzufrieden.

Und die Anderen?

Das sind die, die weder noch sind. Sie fühlen
meistens nichts und sind leer.

Hilft ihnen denn keiner?

Doch, aber man kann ihnen nicht helfen, bevor sie
sich selbst nicht helfen wollen.

Und kann man sich das aussuchen was man sein will?

Meistens nicht und wenn doch muss man hart dafür arbeiten.

Manchmal bemitleide ich die Menschen wirklich.

Herzschmerz

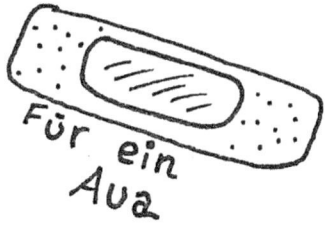

Ocean Eyes

Ich wollte ertrinken,
in den Ozeanen deiner Augen.
Doch bemerkte, dass es nur Pfützen waren,
die meine Träume spiegelten.

Ich bitt' dich
Berühr' mich
Und sag einfach nichts.
Ich suche nach Lügen
in deinem Gesicht.

Versteck' mich.
Hältst mich nicht.
Will dich nicht anseh'n,
weil genau so viele Lügen
in meinem Gesicht steh'n.

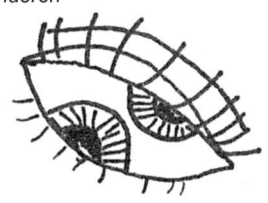

Wir sind irgendwie irgendwas.
Verschoben und auch leicht verwirrt.
Baby; Wir sind genau das,
was uns vorgeworfen wird.

Heb' das Glas,
dass wir in ein, zwei Jahren
bereuen werden
was wir jetzt starten!

Er denkt ich mag ihn.
Das ist auch wahr.
Nur eben nicht
auf diese Art.

Ich glaub jetzt weiß ich,
wie es dir ging.
Weil ich zu viel Zeit
mit dir verbring'.

Ich kann mich dir nicht weiter öffnen,
als sich meine Beine dir geöffnet haben.

Ich vermisse dich
~~doch~~ noch
nicht

Nackte Seele

Und ich habe weniger Probleme
dir meinen Körper nackt zu zeigen,
als meine Seele.

Ich bitte dich,
sprich mich nicht an.

Denn es gibt Dinge,
die man schreiben,
aber niemals sagen kann!

Ich will immer alles schaffen.
Am besten ganz allein.
Frage mich viel zu selten:
„Muss das wirklich sein?"

Oft bin ich mir zu wenig
Und ganz oft auch zu viel
Frage mich viel zu selten,
was ich eigentlich will.

Ich hasse dich. Ich HASSE dich.

Doch wirklich hassen kann ich nicht.

Ich hass' so sehr, dass du sie liebst
und ihr all die Sachen gibst,
die ich mir selbst nicht geben kann.

Ich hass' dass ich nur fragen müsst'.
Du für mich da bist jedes Stück.
Was, wenn du es doch nicht bist?

Ich hass', dass du mich teilen kannst,
mit dir ein Mensch in mein Leben kam,
nach dem ich schon so lang' gefragt.

Hass', dass du mich nicht einengst Schatz.
In meinem dummen Herz ist so viel Platz
für Liebe und für Leidenschaft

Ich hass' wie wundervoll sie ist.
Ich hasse, dass sie so gut küsst.
Und ich sagen könnt:
Was immer sie dir gibt.
Ich will nicht, dass du sie wieder siehst.

Ich hasse alles was wir sind.
Ich hass', dass ich kein Ende will
Ich hass', dass ich dich wirklich liebe
Und Angst habe, dass ich's nicht verdiene.

Ich stehe morgens vor dem Spiegel.
Will mich in mir selbst verlieren.
Wie sonst soll ich dir bitte glauben,
dass meine Augen dir den Atem rauben!

Intermezzo VII

*Gibt es eigentlich Menschen, die sich selbst
gefunden haben?*

Ein paar Wenige haben gedacht sie hätten es
geschafft..

Und was macht sie so besonders?

Sie haben es aufgegeben zu leben, verrückt- oder
anders sein zu wollen.

Was waren sie stattdessen?

Sie dachten sie wären sie selbst.

Und was ist aus diesen Menschen geworden?

Sie sind verstaubt.

Wie?

Sie haben aufgehört irgendetwas sein zu wollen.
Weil sie dachten es wäre in Ordnung so zu sein,
wie sie waren ohne sich zu ändern. Aber dadurch
wurden sie auch nicht sie selbst. Nur immer
weniger von dem, was sie davor waren. Das
passiert besonders im Alter, weil Menschen dann
nicht mehr an sich arbeiten wollen.

Und dann?

Dann vergessen sie wer sie sind und wer sie sein wollen, bis sie sie nach und nach alles vergessen.

Aber nicht alle vergessen alles oder?

Nicht alle. Manche werden auch bloß hart und schrumpelig...

Wie Kakaobohnen.

Du denkst immer noch an deine Schokolade?

Ja. Ich beschäftige mich ja mit den Menschen, weil ich überlege ob es sich lohnt raus ins Leben zu gehen, um Schokolade zu holen.

Ich schätze, niemand denkt gerne über Menschen nach, wenn es nicht sein muss.

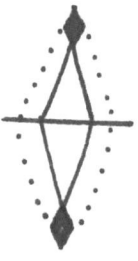

Keep smiling

Irgendwann
werden
wir alle
wer wir
sind :)

Ich wäre gerne mehr.
Mehr als ich schon bin.
Doch wo wär' ich ohne all die Fehler,
die vielleicht keine sind?

Größtes Kompliment

Mit dir zusammen
ist fast so schön,
wie allein♥

Farbenspiel
(Inspiriert von „Grapefruit" – Julia Engelmann)

Du meintest wärst du eine Farbe,
dann wärst du ganz sicher schwarz.
Weil's seit 'ner Weile in dir dunkel ist
Und schwarz da ganz gut passt.

Und so bepinselst du dein Leben
ähnlich einer Wohnzimmerwand.
Und malst alle deine Gedanken
in der gleichen Farbe an.

Auch meine Gedankenwelt
hatte ich damals schwarz gemalt.
Obwohl mir immer klar war,
das Farbe viel mehr Symbolik hat.

Und wären Gedanken Farben
wär' ich immer noch nicht bunt,
doch ich hab schon lila Streifen
ein paar grüne Punkte und

Ich hab' vor mir selbst
weiße Fahnen geschwenkt,
weil man im Kampf gegen sich selbst
irgendwann erkennt:

Ein klein bisschen Acryl reicht,
um eine Wand anzumal'n
Und auch wenn wir nur dasteh'n
Ist der erste Schritt getan.

Dabei ist es egal,
welche Farben wir da sehen.
Du musst ja nichts ertragen ,
solltest bloß mal drüber reden.

Das macht dich nicht verrückt.
Nicht verrückter, als ich bin.
Schließlich versuch ich dir mit Farben
Meine Psyche nahe zu bring'.

Ich war schon immer etwas „zu":

Zu laut,
Zu leise
und
zu viel

Doch in zusammen
steckt das „zu" schon drin.

Where

Irgendwann dann
zwischendrin,

bin ich wieder
wer ich bin.

Sitze still
und heimlich da.

Und frage mich
wo ich so lange war.

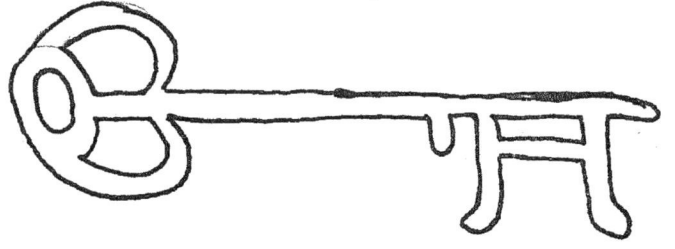

Ich bin eine Blume.
Ein paar Blätter sind schon ab.

Zugegebenermaßen
bin ich ziemlich angeknackst.

Doch ich recke den Kopf
noch der Sonne entgegen.

Ich verdiene
nur das Beste
&
Und irgendwann lerne ich
zu lieben,
was gut für mich ist.

Tief in mir drin,
bin und bleib' ich ein Kind.
Weil ich umarmt werden will
und hör'n, dass ich genug bin.

Schade um dich,
wenn du noch kein Kind bist.
Irgendwann wirst auch du,
wer du eigentlich bist.

Ich hab mich kurz verloren,
aber das ist in Ordnung.
Ich hab mich ja bis jetzt
immer wieder gefunden.

Schau' mal in den Spiegel.
Wie ist es Auge in Auge zu stehen,
mit der einzigen Person,
die deine Schönheit nicht sieht!

Deine Gedanken wie ein Raum,
in dem die Sonne niemals scheint.

Hat man sich an die Dunkelheit gewöhnt,
sieht man die Sterne funkeln.

Franziska Clementi

120

Dieses Buch wurde auch nur geschrieben, damit es gelesen wird...

Intermezzo VIII

Aber wenn die Menschen nicht wissen WER sie sind, was macht dann die Menschen zu dem WAS sie sind?

Was würdest du denn sagen?

Die Dinge, die sie tun!

Hm?

Nun ja. Lebende machen Dinge, um Geld zu verdienen, in der Hoffnung sich davon irgendwann etwas kaufen zu können, um glücklich zu werden. Die Verrückten machen was im Moment Spaß macht, ohne sich um später zu kümmern. Und die Anderen machen, glaube ich nichts, außer denken.

Das kann gut sein.

Mir ist eine Sache aufgefallen.

Und die wäre?

Manche Menschen suchen danach wer und was sie sind. Andere suchen nach Wegen es nicht mehr sein zu müssen. Das ist traurig. Und trotzdem machen sie es.

Franziska Clementi

Insecure
poetry

123

Worte

Willst du ficken?
Sie nickte und dann fickten sie.
Früher hatten sie nie gefickt.
Sie hatten Liebe miteinander gemacht.
Sie hatten auch nie rumgemacht.
Sie hatten sich französisch geküsst.
Warum küssten sie nicht mehr französisch?
Warum machten sie keine Liebe mehr?

Danach qualmten beide Eine und quatschen von
Dingen, die sie noch vorhatten.
Am Anfang hatten sie nie gequalmt.
Sie hatten beide genüsslich an ihren Zigaretten
gezogen und sich von ihren Träumen erzählt, die
sie hatten. Während sich die Worte süß und zäh
wie Honig um ihre Seelen legten.

Nachdem sie sich einander hingegeben hatten,
machte sie ihm meist armer Ritter, weil sie als
junge Leute nicht so viel im Haus hatten. Aber er
war glücklich, dass sie sich die Mühe machte ihm
etwas zuzubereiten. Dann aßen sie, jeder in
seinen eigenen Gedanken versunken und sie
bemerkte, wie schön es doch war Jemanden in
einer zu lauten Welt zu kennen, mit dem man
schweigen konnte.
Dann hatten sie geheiratet.
Und jede Schatzkiste, die anfangs rosa rot und
glitzernd war, sah im richtigen Licht irgendwann
aus wie eine vergammelte Holzkiste, die Jemand
aus dem Dreck gegraben hatte.

Jetzt briet sie nach dem Ficken ein paar hart gewordene, in Milch und Eier getunkte, Toastscheiben. Sie hatten mal wieder nichts anderes im Haus. Aber es war egal. Er war ja glücklich sobald er was zu fressen bekam. Dann saßen sie am Küchentisch und schaufelten das Essen in sich rein. Sie sprachen nicht. Sie hatten sich meistens eh nichts zu sagen.
Nachdem sie früher ihren Gedanken nachgegangen waren hatte er sie manchmal angesehen.
Hast du eine neue Frisur? Das hatte er gefragt. Und sie nickte und lächelte, weil es ihm aufgefallen war. Und dann fühlte sie sich für einen Moment als wäre sie das schönste Mädchen auf diesem Planeten, während sie den Tisch abräumte und er zu seinem wichtigen Bürojob ging.

Hast du dir die Haare geschnitten?
Das hatte er heute gefragt.
Und sie meinte, dass ihm das scheiß egal sein könne. Sie dürfe sich ja wohl ihre Haare schneiden und bräuchte keine Genehmigung dafür. Dann schmiss sie die Teller in die Spülmaschine und er ging zu seinem Job, bei dem er eh nur herum hockte und die Sekretärin vögelte.
Das hatte er früher nie gemacht.
Er hatte seine Sekretärin nie gevögelt.
Er hatte immer nur Liebe mit ihr gemacht.
Das war das Einzige, was sich ihrer Meinung nach nicht verändert hatte.

125

Franziska Clementi

Bilder

Ich bin über und über mit Bildern beklebt,
die mir erklären wie ihr mich so seht.
Doch wenn man die abkratzt bin da nur noch ich.
Da nehm' ich lieber noch mehr Bilder an mich.

Ich smile,
Ich like,
Ich teile.

Ich schreie,
Ich weine,
Ich zeige

Das nicht.
Zu schädlich für mein
Ista-Gesicht.

Du bist viel wert, wenn du viel erreichst.
Wer viel erreicht, der wird irgendwann reich.
Und wer reich ist, der kann viel erreichen
Endloser Kreislauf,
niemand scheint zu entweichen.

Ich wünschte ich hätte Jemanden,
den ich verlassen kann.
Traurige Poesie
verkauft sich besser!

Weil ich dir nun nicht mehr schreibe,
sag' ich du bist mir egal.
Den Kontakt so weit vermeide.
Deine Nummer wird zu einer Zahl.

Mein Herz tut fast gar nicht weh,
wenn ich wieder auf Instagram
neue Bilder von dir seh',
die ich leider nicht liken kann.

Du schaust dir meinen Status an,
da ich Gedichte, die sich um dich dreh'n
nun viel einfacher posten kann.
Ohne dämlich da zu steh'n!

Wieder mal Instagram

Hab mich letztens mal gefragt:
Warum bin ich auf Instagram?
Ich mache lauter Fotos,
die ich anderen dann zeigen kann.

Mache Fotos von mir und von allem,
um euch, die ich nicht kenn', zu gefallen.
Ich zähle die Likes und ich zähl' Abonnenten.
Zähl' was ich kann, um mich selbst zu vergessen.

Lebe im Überschuss.
Trotzdem die Frage,
wann ich nicht mehr zählen muss.
Wann ich genug habe…

Ich schreibe einen Text,
in dem ich verletzt scheine.
Mich fragen online dann drei Menschen,
ob ich sie damit meine.

Und ich fange an zu grinsen.
Denn du denkst mehr an mich,
beim Lesen meiner Texte,
als beim schreiben ich an dich!

Manchmal weiß man erst
wohin man will,
wenn man von etwas weg ist.

Irgendwie so viele
Menschen mit
Gefühlen,
die alle fühlen wollen.

Franziska Clementi

Das Boot

Ich bin in einem Boot
Auf dem Ozean
während ich hin und her geschleudert werde
Ausgeliefert
Nach rechts
Nach links
Oder in beide Richtungen gleichzeitig
Und ich kann nichts tun
Außer warten
Die Leute an Land schreien
„Schwimm!"
„Es ist nicht schwer! Schwimm!"
Aber ich kann nicht schwimmen
Es ist zu stürmisch
Die Leute an Land fragen:
„Warum bist du dann auf dem Boot?"
Ich weiß es nicht
Ich kann mich nicht erinnern
Herausgefahren zu sein

Schließe Frieden mit der Vergangenheit,
sonst vergiftet sie die Zukunft.

Vielleicht sollte ich nachdenken,
bevor ich Etwas tue.

Aber wenn ich jetzt beginne nachzudenken,
dann tue ich es nicht!

Franziska Clementi

Intermezzo IX

*Vielleicht sollte man Menschen auch gar nicht sie
selbst sein lassen.*

Wieso denn nicht?

*Weil manche Menschen böse Dinge tun, wenn
man sie sie selbst sein lässt!*

Wieso stört dich das? Es hat doch nichts mit dir zu
tun.

Aber warum dürfen sie das?

Weil sie Freiheit haben. Etwas, das wir nicht
haben.

*Aber diese Freiheit schränkt andere Menschen
auch ein. Das ist doch dann falsch oder?*

Deshalb haben Menschen noch etwas, das wir
nicht besitzen.

Und das wäre?

Man nennt es Verantwortung.

Und was machen die Menschen damit?

Sie vergessen, dass sie es haben.

Franziska Clementi

142

Poetry Slams

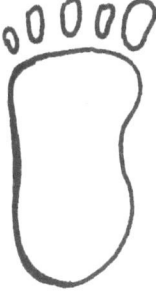

Künstler

(Inspiriert von „Art is dead"
- Bo Burnham)

Ich bin Künstler, denn ich schreibe,
ich singe und ich zeichne.
Mein Kopf ist ständig in Welten,
die Andere nie erreichen.
Habe Stücke, die ich spielte
und Veröffentlichungen vorzuweisen
Und sobald ich hier stehe,
kann ich nicht anders als zu reimen.

Ich würde gern ein Künstler sein,
weil mir die normale Welt nicht reicht.
Denn mich in mir selbst zu verlieren
ist mein liebster Zeitvertreib.
Ich stehe auf der Bühne,
glaubt mir ich bin niemals still.
Ich bin leider nur ein Kind,
das Aufmerksamkeit will.

Auf jedem Kindergeburtstag
gibt es ein Kind,
das man wirklich gerne
anschreien will.
Weil es laut ist und nervig
und ständig Penis sagt.
Man tut es zwar nicht,
aber der Wunsch ist da.

Dieses Kind weiß,
dass ein anderes Kind irgendwann lacht
und dann ist ihm klar,
dass es was gut gemacht hat.
Die Ironie daran ist: So ein Kind bin ich.
Und diese Kinder ändern sich nicht.

Die werden nicht größer.
Sie werden nur Künstler
Verkaufen der Gesellschaft
Seele und Körper
Bezahlt dafür nie erwachsen zu werden,
FALLS Jemand dafür zahlt sie zu sehen.

Den ganzen Tag könn' mir Leute
beim blödeln zusehen.
Während ihr früh aufsteht,
um zur Arbeit zu gehen.
Mein Leben ein Spiel
und ich werde bezahlt
Dinge zu sagen,
die keiner sonst sagt.

Denn ich kann alles probieren,
ohne Konsequenzen
Und muss dabei hoffen,
dass Leute an mich denken.
Denn so frei wie ich bin,
so sehr bin ich Gefangen
In meinem Kopf
und in meinen Gedanken.

Mein Kopf ist voller Poesie.
Ich hab Angst, dass nie Jemand sie liest.
Wofür schreib' ich eigentlich,
wenn mir keiner sagt ob es ihnen gefiel?

Ich stehe hier
und habe Angst vor euch allen,
denn ich würde
euch so gerne gefallen.
Ich will, dass ihr lacht und weint
unter meinem Bann
Ich will euch geben,
was ich mir selbst nicht geben kann.

Ich glaube ich muss Künstler sein,
weil mir die normale Welt nicht reicht.
Denn mich in mir selbst zu verlieren
ist irgendwann alles, was bleibt.
Ich stehe auf der Bühne,
wenn ich nichts sage bleibt es still.
Ich bin nur ein Kind,
das Aufmerksamkeit will.

Franziska Clementi

Intermezzo X

Worum geht es denn bei Verantwortung?

Es geht darum mit etwas so umzugehen, dass es nicht zu schaden kommt.

Aber dann haben sie ja Verantwortung, wenn es um Dinge und Menschen geht.

Aber sie haben oftmals keine, wenn es um sie selbst geht. Viele Menschen gehen mit sich selbst um, als wären sie sich selbst egal. Dann zeigen sie sich gegenüber keine Verantwortung.

Wenn sie nicht wissen wer sie sind, wissen sie glaube ich auch nicht, wem sie Verantwortung zeigen sollen. Aber wenn sie es herausgefunden haben, dann lernen sie sich selbst auch schätzen.

Das klingt plausibel.

Menschen wollen sich also selbst finden, obwohl sie schon die ganze Zeit sie selbst sind und anstatt sich auf sich selbst zu konzentrieren, konzentrieren sie sich darauf, was sie nicht sind? Als würde ihnen das irgendwie helfen.

Ja, so ist es.

Das ganze ist doch einfach nur verwirrend!

Bei den Menschen müssen die meisten Sachen keinen Sinn ergeben. Viele Dinge in diesem Leben ergeben keinen Sinn.

Poetry Slam

Mehr als ein Kuss
oder
An alle meine Tinder Dates

Halb neun in der Bar:
„Hi alles klar?"
„Hübsch siehst du aus"
Bla..bla..bla
Ich hier, Du da
Und uns ist beiden klar,
Wie das hier läuft.
Um peinliches Schweigen zu vermeiden
Reden wir über unseren Tag.
Ich erfahre was du magst und was nicht
Und der Abend macht echt Spaß bis er zu Ende
ist.
Du sagst du übernimmst das Bier
Und ich sag zwei Mal brav
„Nein. Musst du nicht."
bevor ich dann doch akzeptier'.
Hatte eh nicht genug Geld dabei!

Den gleichen Weg nach Hause
Und wir teilen uns die Straße,
Sind bei dir, bleiben stehen
Und natürlich kommt die Frage:

„Kommst du noch mit rein?"

Und ich will sagen nein,
weil ich schon weiß wie heute Abend enden wird.
Weil jedes Mal das Gleiche passiert.

Wir beide auf der Couch,
Keine halbe Stunde hier.
Augen zum Fernseher gerichtet
Und du beugst dich langsam zu mir.
Und ich frage mich wie es ist
Wenn man jemanden küsst
Ohne direkt rumzumachen
Oder Sex zu haben.
Wie es ist
sich nicht gleich die Mandeln von einer fremden
Zunge abtasten zu lassen.

Was nicht heißt, dass es mir nicht gefällt.
Und es wäre dreist dahingestellt
Zu behaupten alle wollen nur meinen Körper und
keiner will mehr.

Aber ich weiß ich werde es bereuen.
Ich bereu' es schließlich immer.
Dennoch weiß ich wie das laufen wird:
Wir beide in deinem Zimmer.
Halbnackt aufeinander.
Oder ganz nackt, kommt drauf an.
Und du wirst mir sagen wie schön ich doch bin.
Und das ist der Knackpunkt.
Das ist es, was ich hören will.
Egal ob wahr oder nur ausgedacht
Daher gesagt ist auch gesagt.
Und das macht es wahr.
Zumindest heute Nacht.

Ich brauche das Wissen, dass du meine Beine
nicht hasst.
Meinen Bauch, meinen Po
Und was weiß ich was.
Das Wissen, dass ich schön sein kann.

Mehr als das brauche ich auch nicht.
Eigentlich will ich nicht mehr.
Aber ein bisschen mehr als nichts.
Ich glaub das brauch ich sehr.

Am nächsten Morgen dann:
Ich rufe deine Nummer an.
Du gehst nicht ran.
Und ich schreibe und ich lösche
Und schicke die Nachricht doch weg.
Du hattest Stress.
Und ich schreibe : „Kein Problem.
Ich würd' dich echt gern wieder sehen
Wär' nächsten Donnerstag okay?"

Donnerstag ist schlecht.

Und du meinst, es tät' dir leid
Du hast generell sehr wenig Zeit.
Und willst sowie nicht mehr.
Ich sag : „Klar" und denk mir:
Ich kenn' das von irgendwo her!

Aber noch ist es nicht so weit.
Ich hab noch ein/zwei Stunden Zeit
Bevor ich mich entscheiden muss
Zwischen Zuhause und dem ersten Kuss.

Noch laufen wir die Straße entlang
Und ich nehme deine Hand, die du abschüttelst
und dich räusperst.
Dann kommt das Haus in dem du wohnst
Und wir beide stehen da.
Du fragst „kommst du noch mit rein?"
Und ich sage ja.

Franziska Clementi

Intermezzo XI

*Glaubst du denn, die Menschen wollen wissen,
wer sie sind oder ist es ihnen egal?*

Wieso sollte es ihnen egal sein?

*Wenn es doch so eine Arbeit ist herauszufinden
wer man ist, warum wollen es die Menschen
überhaupt wissen?*

Weißt du, wieso du das nicht verstehst?

Wieso?

Weil du die Menschen einteilst. Du solltest das
nicht tun.

Warum nicht?

Weil Menschen nie nur eine Sache sind.

Wie meinst du das?

Es gibt Menschen, die sind Lebende, bis sie sich
entschließen verrückt zu sein. Es gibt Verrückte,
die durch Lebende zu Anderen werden. Aber die
meisten Menschen sind alles gleichzeitig.

Das geht?

159

Menschen ändern sich durchgehend. Sie wissen wer sie sind, bis sie es nicht mehr wissen. Wir wissen wer wir sind, aber auch nur weil wir nie anders waren. Ich beneide Menschen, egal welcher Sorte. Der einzige Grund, aus dem sie ständig nach sich suchen ist, weil sie noch so viel von sich entdecken können.

Weißt du was?

Hm?

Am Leben zu sein klingt schöner als ich dachte.

Short Poetry Slam:
Ein Brief an mich,
an dich
und an jeden der es hören muss!

Hallo du.
Weißt du eigentlich,
wie wunderbar du bist?
Und dass sich jeder glücklich schätzen kann
mit dir befreundet, dein Liebhaber
oder einfach Teil deines Lebens
zu sein?

Hey du.
Weißt du eigentlich,
dass du dir selbst dein größter Feind bist?
Und es auch bleiben wirst,
weil du es so gelernt hast.

Weißt du,
dass du nicht Opfer deiner selbst bist,
sondern anfangen kannst für das zu kämpfen,
was dich glücklich macht?

Hey Du,
Ja ich meine dich!
Weißt du,
dass du es verdient hast
glücklich zu sein?

Denn du liebst.
Nicht immer romantisch,
aber du liebst mit jeder Zelle deines Körpers.
Du liebst, du siehst und du hörst.
Du liebst bis zur Selbstaufgabe,
da du dich selbst nicht genug liebst.

Und wenn Leute noch nicht bereit für dich sind,
dann dreh dich nicht um, damit sie dich einholen.
Sonst ziehen sie dich wieder zurück.
Gib ihnen die Hand,
aber werde nicht langsamer für sie
Lass dich auf nichts reduzieren,
dass du nicht mehr bist.

Hey Du,
Ich hoffe diese Zeilen bedeuten dir etwas.
Denn ich weiß,
du sagst dir das viel zu selten:
Du bist du
und das ist das Beste,
was dir hätte passieren können

Franziska Clementi

you are more
than a memory.
you are an
influence...

Franziska Clementi

Epilog

~~Es ist schwer zu schreiben, wenn man sich seiner Worte bewusst ist.~~

Eigentlich wollte ich zum Abschluss Etwas sehr poetisches schreiben, aber irgendwann hat man genug von einem künstlerischen Möchtegern gehört. Vielleicht hat dir mein Buch gefallen. Vielleicht auch nicht. Vielleicht ist dieses Buch aber auch so schlecht, dass es nun andere Leute dazu inspiriert ein besseres Buch zu schreiben. Dann kann ich nur sagen, dass es immerhin einen Zweck erfüllt hat!

Zu jedem Teil dieses Buches gibt es eine Geschichte und Personen, mit denen ich diesen Teil verbinde und denen ich gerne danken möchte:

Meiner Familie, welche immer auf meiner Seite steht. (Leon und Pia die besten und längsten Freunde, die ich je hatte und haben werde.) Der Person, die ich Otter nenne und seit Anfang meiner Zeit auf Instagram dabei war und meinen Instagram Followern, ohne die ich mich nie getraut hätte irgendwem die Worte zu zeigen, die ich Poesie nenne.

Falls sich Leute in den eher nicht so positiven Teilen dieses Buches wiedergefunden haben: Gut so! Geschieht euch wahrscheinlich recht!

Zu allen Anderen kann ich nur sagen:

Vielen Dank, dass ihr mein Manuskript gelesen und indirekt an meiner Therapiestunde teilgenommen habt. Dies hier ist ein Teil meines Lebens, meiner Psyche und meines Herzens.

Franzi

Intermezzo XII

Ich gehe jetzt raus ins Leben. Schokolade kaufen.

Hast du dich jetzt doch entschieden?

Menschen machen mir zwar immer noch Angst, aber das Gute ist, dass sie sich selbst genau so wenig verstehen, wie ich sie. Aber eine Frage habe ich noch.

Und die wäre?

Was macht jetzt die Menschen zu dem, was sie sind?

Ich habe absolut keine Ahnung.